AF245404

VIE ET MORT

D'UN

JEUNE NOIR

ASSOCIÉ

DE LA SAINTE-ENFANCE

ET

ÉLÈVE DES FRÈRES DE SAINT-GABRIEL

PAR

L'ABBÉ C. CLAPIERS

Missionnaire Apostolique

PRIX : 20 Centimes.

Se vend au profit de l'OEuvre de la Sainte-Enfance.

TOULON

TYP. LAURENT, RUE NATIONALE, 49

1871

VIE ET MORT

D'UN

JEUNE NOIR

Associé de la Sainte-Enfance

Il y a huit à neuf ans, dans l'île de Gorée, les indigènes surprirent quelques soldats Français endormis, les massacrèrent et ne s'éloignèrent qu'après avoir mis le feu au poste. Cet attentat appelait des représailles. On ne pouvait pas laisser impunie l'insulte faite à notre drapeau. Un détachement fut chargé de punir le village auquel appartenaient les assasins ; mais, quand nos soldats arrivèrent, les Noirs avertis de leur approche, avaient déjà pris la fuite, et toute notre vengeance dut se borner à incendier les cabanes.

Le soldat français est humain même envers ses ennemis. Il ne tue pas pour le plaisir de tuer. Les braves militaires, qui composaient le corps destiné à intimider de dangereux voisins, ne voulaient pas faire d'inutiles victimes. Avant donc de brûler les huttes des indigènes, ils les explorèrent avec soin, pour s'assurer qu'elles ne renfermaient ni vieillards impotents, ni enfants, ni femmes, ni malades. Après avoir fureté partout, ils se trouvaient maîtres d'une trentaine de négrillons, dont l'âge variait entre quelques mois et cinq ans. Abandonnés de leurs parents, les plus jeunes dormaient d'un sommeil paisible, tandis que les plus grands se tenaient accroupis au fond des cases, mourants de peur, parce qu'ils s'imaginaient qu'on allait les faire périr. — « Ce ne sont pas des mères chrétiennes, disaient nos troupiers, « qui auraient mis leur vie en sûreté, sans se préoccuper de leurs

« nourrissons. » Cependant leur embarras était grand. Que faire de cette singulière capture ? Laisser là ces enfants ? L'humanité le défendait. Compter que leurs parents reviendraient en prendre soin? N'était-ce pas trop présumer de ces natures sauvages? Et s'ils tardaient à rentrer, que deviendraient ces innocentes créatures, sans lait, sans provisions, sans abri ?

Nos soldats eurent bientôt pris leur parti. Ils adoptèrent les petits moricauds, portèrent les plus jeunes, firent marcher les autres devant eux et rentrèrent au fort Saint-Michel.

Providence de mon Dieu, que vos desseins sont admirables ! Cette expédition insignifiante, ces événements qui passèrent inaperçus, devaient donner la vie surnaturelle à une âme. Nos soldats n'étaient que les instruments de celui qui fait tout pour ses élus et qui va les chercher jusqu'aux extrémités du monde.

Un sous-lieutenant d'infanterie de marine, M. Justin Cauvin, aujourd'hui capitaine, avait pris part à cette affaire sans conséquence. Parmi les enfants capturés, il en remarqua un d'une figure plus intelligente et le prit en amitié. C'était le fils d'un des chefs de la tribu coupable d'actes d'hostilité contre la France. Il se nommait Pangane Yame Diobas. Il était né à Lélo (Sévère) et n'était âgé que de quatre à cinq ans. M. Cauvin se promit en lui-même de veiller sur ce petit prisonnier, d'en prendre soin, et si les parents ne le réclamaient pas, de s'en charger définitivement, de l'emmener en France et de le faire élever et baptiser. Quelques jours après, il vit une négresse qui rôdait dans les environs du fort. Il l'appela et lui demanda, dans le langage du pays, si elle connaissait la mère de Diobas.

« — C'est moi, répondit-elle.

« — Eh bien, reprends ton enfant et ramène-le dans ta ca-
« bane.

« — Non, dit-elle, je ne le veux plus, il est trop méchant. Que
« le blanc le garde et me donne un pain. »

M. Cauvin fit alors signe à l'enfant de prendre un pain et de le porter à la négresse, sa mère. L'enfant obéit, mais la sauvagesse ayant obtenu ce qu'elle désirait, s'enfuit, en poussant des

cris de joie et en courant à toutes jambes, sans daigner embras-
ser son fils, ni même le regarder (1).

Voilà donc M. Cauvin devenu, bon gré malgré, le père adoptif
de Diobas, dont il commença l'éducation. La négresse avait
raison : son fils était un véritable enfant de Cham, entêté, irascible
et quelque peu rageur. Il se complaisait dans la vengeance et lançait
des pierres avec une adresse surprenante dans un enfant de cet âge.
Quand il éprouvait quelque contrariété, il jetait des cris aigus et se
roulait à terre, en faisant des contorsions et des grimaces effroya-
bles. Ce qui désolait son bienfaiteur, c'était l'obstination du jeune
Nègre à se taire. Impossible de lui arracher un mot. « Il est sourd-
« muet... » se disait M. Cauvin découragé! Mais après trois mois de
séjour auprès des soldats français, Diobas, qui était très-obser-
vateur et très-réfléchi, se mit à nommer dans notre langue tous
les objets qui étaient en la possession du sous-lieutenant. Depuis,
il n'a plus cessé de parler correctement le français.

Le moment de son retour en France étant venu, M. Cauvin se
réjouissait à la pensée de confier à son excellente mère et à sa
pieuse sœur, l'enfant que lui avait envoyé la Providence. Il leur
annonçait dans ses lettres qu'il arriverait en la compagnie d'un
jeune sénégalien. Sa famille ne prenait pas ces paroles au sérieux
et s'attendait à voir débarquer un singe ou un perroquet.

Le sous-lieutenant avait l'un et l'autre, et Diobas, par dessus le
marché Mᵐᵉ Cauvin, effrayée de sa tâche, fut d'abord tentée de
reculer. Mais son fils et sa fille la supplièrent, avec tant d'ins-
tances, de se charger du jeune Noir, qu'elle finit par y consentir.
Qui lui aurait dit que six ans après, la mort de cet enfant lui
ferait verser tant de larmes ?

Les commencements furent difficiles. Quoiqu'il fut, depuis
quelques mois, en contact avec des Européens, Diobas avait encore
les inclinations et les allures d'un sauvage. Il dévorait les pampres de vignes et les trouvait délicieuses. Il ne mangeait le

(1) Ce souvenir attristait et indignait le petit africain devenu
chrétien. Il disait, en parlant de sa mère et en branlant la tête :
« Elle m'a préféré un pain!... »

pain qu'avec répugnance. Le moral était à l'avenant du physique. L'opiniâtreté était son défaut dominant. — « Pourquoi, lui disait-« on, ne fais-tu pas ce qu'on t'a commandé? »— « Parce que vous « me l'avez dit deux fois. Je ne veux pas qu'on me dise deux fois « la même chose. » Les actes de colère, quoique plus rares, étaient encore très-violents.

C'est le baptême qui devait transformer le jeune Noir. Les Frères de Saint-Gabriel, qui ont à Lorgues un noviciat et une école très-florissante, où la Sainte-Enfance est en grand honneur, furent chargés de l'y préparer. L'arrivée de cet élève de couleur fit sensation dans la maison. Les petits enfants avaient peur du nouveau venu et craignaient de se noircir par le contact. Ses voisins de classe se plaignaient qu'il exhalait une mauvaise odeur. Les plus grands s'amusaient à lui apporter des brassées de pampres de vigne, dont ils le savaient friand. Lorsqu'ils riaient trop fort, l'humeur batailleuse de Diobas se réveillait. Il se sauvait au fond des cours, ramassait des pierres, soufflait comme une locomotive et roulait des yeux terribles. L'instruction religieuse de l'enfant avançait quand même, et les premiers fruits apparaissaient sur ces épines. Cette nature rude devenait plus souple. Des qualités rares se laissaient entrevoir; la piété de l'enfant faisait concevoir les plus belles espérances.

Ce fut en 1865 et le 14 septembre, jour où l'Eglise célèbre la fête de l'Exaltation de la Sainte-Croix, que le petit africain fut baptisé par M. Daniel, chanoine honoraire de Fréjus et curé doyen de Lorgues. M. le baron Andéol de Laval fut son parrain et Mme de Laval, née d'Esclapon, sa marraine. Il reçut sur les fonts sacrés les noms de Roch-Justin. Voici la raison de ce choix : il était tombé aux mains des Français le jour de Saint-Roch et Justin était le petit nom du sous-lieutenant Cauvin. Le recueillement du néophyte pendant la cérémonie édifia les assistants, qui remplissaient l'église paroissiale, et les toucha profondément. On remarqua que le nouveau baptisé se montrait très-heureux de porter l'habit blanc. Le goût pour cette couleur de l'innocence l'a suivi jusqu'au tombeau.

C'était bien une conquête que la Croix venait de faire sur l'infidélité. A partir du jour de son baptême, on remarqua dans

Justin un très-grand changement. Il devint sensible. doux, bon, carressant et affectueux. Il avait toujours peur de faire de la peine. Quelquefois on l'envoyait en commision :

« — Tu diras telle chose à telle personne.

« — Oh ! madame, je n'oserais...

« — Pourquoi donc ?

« — Cela pourrait la fâcher ! »

Ce chrétien de huit ans avait l'intelligence de la parole : *Il vaut mieux donner que recevoir*. Avait-il quelques sous à sa disposition? Il les mettait dans la main du premier pauvre venu, sans en rien réserver. Lui demandait-on ce qu'il avait fait de son argent ? Il se contentait de sourire, en secouant les épaules, et ne voulait pas que la *main gauche fut dans la confidence de ce que faisait la droite*. Si on le pressait de questions, il répondait brièvement : « Moi, je n'ai besoin de rien; j'ai tout donné. »

La Sainte-Enfance était son œuvre de prédilection. Chaque année, le 1er Janvier, il faisait sa tournée de connaissances et d'amis et portait aux chers Frères les étrennes qu'il avait recueillies. — « Tout cela pour les petits enfants infidèles, » disait-il avec animation, en vidant ses poches et en étalant ses trésors !.. Mieux qu'un autre, il pouvait faire la différence entre la mère chrétienne et celle qui ne l'est pas. La sienne n'avait-elle pas été pour lui une marâtre? Et n'avait-il pas été exposé à périr misérablement, comme ces infortunés que la charité va ramasser dans les boues et dans les ruisseaux de la Chine?.. Qui peut dire l'influence de ces souvenirs sur le zèle de Justin ?.. Quelques jours avant sa mort, il puisait dans sa petite bourse que le 1er de l'an avait garnie et offrait sa dernière cotisation. Mme Cauvin , inconsolable, veut maintenir son nom, sur les listes de l'œuvre et acquitter chaque année, cette dette de cœur. C'est ainsi que l'amour sera plus fort que la mort.

Justin, qui avait été si froidement accueilli dans l'école des Frères, y compta bientôt autant d'amis qu'il y avait d'élèves. Presque agonisant, il disait encore à ses maîtres qui étaient venu le visiter et qui se retiraient : « Le bonjour à mes camarades. » On s'entretient encore dans la maison de sa douceur, de son obéissance, de sa politesse et de sa piété.

Caresser de petits enfants dans les bras de leurs mères, était pour lui une grande satisfaction. Dans la crainte d'en effrayer un qui appartenait à une fermière, voisine de la maison de campagne de Mme Cauvin, Justin se cachait dans le feuillage et passait de longues heures à le regarder Plus tard il apprivoisa le petit bonhomme, et les fleurs et les fruits dont il se faisait précéder, le firent accepter.

En faveur de sa bonne grâce, on passa sur sa couleur. La familiarité devint telle que les deux enfants étaient inséparables. Pour apaiser les cris de son jeune fils, la fermière ne trouvait pas de remède plus efficace que la présence de Justin.

Est-il nécessaire d'ajouter que la reconnaissance du jeune Nègre pour ses bienfaiteurs, était poussée à l'excès ? N'en citons qu'un trait ou deux. Une nuit, Mme Cauvin, en proie à quelque malaise, s'agitait dans son lit. Tout d'un coup, dans le cabinet voisin, elle entend Justin qui sanglotte. Elle se lève et dit à l'enfant :

« — Qu'as-tu, mon ami?

« — Oh! Madame, vous êtes malade, vous ne faites que vous « tourner et vous retourner dans votre lit, et j'en ai tant de cha- « grin, que je n'ai pas fermé l'œil. »

Une autre fois, il était allé passer quelques jours à Toulon, chez M. Cauvin, devenu capitaine. A son retour à Lorgues, dès qu'il fut sur le seuil du jardin qui précède la maison de campagne, il se mit à pleurer à chaudes larmes. Mme Cauvin effrayée accourt, et lui demande s'il est malade ou si le capitaine est retourné au Sénégal. Justin suffoqué par les pleurs fait signe que non. Puis, faisant un effort suprême, il parvient à s'écrier. « Oh! quelle « envie j'avais de vous voir! »

On sait combien le dernier hiver a été rigoureux. Comme une plante étiolée qui cherche le soleil, Justin, déjà malade, aimait beaucoup à aller se réchauffer aux feux de ce beau ciel de Provence, bien pâle cependant et bien froid à côté de celui du Sénégal. Mais sa grande préoccupation, dans ses promenades, c'était d'indiquer à Mme Cauvin, les bons endroits du chemin. Il la précédait et revenait lui dire : — « Madame, ce côté de la route « est mauvais. Il y a de la glace et plus loin, de la boue; j'ai manqué

« glisser. Passez par ici, la route est meilleure. Mon Dieu, si vous
« alliez tomber ! »

Son amour pour Mlle Cauvin surpassait encore celui qu'il avait
pour le reste de la famille. Mme Cauvin reprochait-elle à sa fille
ses sorties matinales ou ses stations prolongées à l'église ?
Justin prenait aussitôt le parti de Mademoiselle Charlotte : —
« Madame, je vous en prie, ne la grondez pas. » — Mlle Cauvin
tardait-elle à rentrer ? Justin, le visage collé aux vitres des
fenêtres, épiait son retour. Quelquefois, un sermon ou une cérémonie religieuse était cause que l'absence se prolongeait. Justin
s'échappait à dire : « — Madame, j'ai grand faim.

« — En ce cas, je vais te servir un potage.

« — Non, Madame ; il ne me ferait pas de bien. Je me mettrai à
« table avec Mademoiselle.

« — « Mais elle rentrera tard. Tiens, vois ; moi même je prends
« mon repas.

« — « Tant mieux ! moi, je ne pourrais pas manger ! »

Là dessus, il avalait une bouchée de pain et patientait jusqu'au moment où sa fine oreille lui faisant comprendre que
Mlle Cauvin gravissait l'escalier, il se précipitait à sa rencon-
tre et l'éclairait, en souriant de plaisir.

Après la famille qui l'avait adopté, le cher Frère, son professeur,
était l'objet de sa prédilection. Il disait dans son langage enfantin :
« Madame, le cher Frère est enrhumé ; il a toussé pendant toute la
« classe : si nous lui portions un bol de lait ?. . » — « Si le cher Frère
« Basilée s'en va, disait-il d'autres fois, je ne veux plus aller en
« classe. Personne ne m'aime comme lui. »

Ce cœur d'or avait sa fierté. Un jour, un vicaire de la paroisse,
visitant l'école, avise Justin assis sur son banc : « Que fait le né-
« grillon, demande-t-il au maître ? » La question, ainsi formulée,
parut blessante à l'enfant. En rentrant à la maison, il disait avec
feu :

« — Jamais je ne me confesserai à M. l'abbé.

« — Et la raison ?

« Il m'a appelé le négrillon. Est-ce que je ne suis pas chré-
« tien à présent ? Est-ce que je n'ai pas un nom et un beau nom
« de saint ? »

Son grand chagrin était d'être noir. Il questionnait souven[t]
pour savoir si au ciel il serait blanc comme nous.— « Je veux êtr[e]
« si sage, s'écriait-il parfois, qu'en paradis, je sois plus blanc qu[e]
« vous tous. » Et dans cette espérance, il battait des mains et sautai[t]
de joie. Charmante ingénuité de l'innocence !.. Va, Justin, rassure[-]
toi. Le Dieu que tu adores, ne fait point de distinction entre le[s]
blancs et les hommes de couleur, et ta jeune âme est un lys don[t]
il aime la candeur et dont il se plaît à respirer les parfums.

La première communion devait achever la transformation s[i]
heureusement inaugurée par le saint baptême. Justin apporta l[a]
préparation la plus sérieuse à ce grand acte de la vie. Sa piét[é]
devint plus ardente ; sa délicatesse de conscience confina a[u]
scrupule ; sa dévotion à Marie eut de plus vifs élans de tendress[e.]
Il fallait modérer sa ferveur. Comme il était frêle et délicat[,]
dès son lever, on lui présentait son déjeuner : mais il le refusai[t]
gracieusement : — « Merci, je n'ai pas encore fait ma prière ! » Et i[l]
allait s'agenouiller à côté de son lit, sans vouloir rien entendre, n[i]
remettre à plus tard l'accomplissement de ses devoirs religieux[.]
Il allait souvent de lui-même trouver son confesseur et lui parlait avec une sincérité et une ouverture de cœur admirables. I[l]
écoutait les instructions des catéchistes avec une foi avide[.]
Jamais il ne se lassait d'entendre parler de Dieu, de la Vierge e[t]
des Saints. Les impressions que la retraite préparatoire à l[a]
première communion produisit sur lui, furent si fortes qu'on dû[t]
prier ses maîtres de l'en distraire. La pensée des tourments d[e]
l'enfer et de la malice et des ruses du démon, lui donnait presque la
fièvre. Qu'on juge de son horreur de péché par le fait suivant :
Le matin du grand jour, brisé par les émotions de la veille[,]
Justin dormait profondément. Mme Cauvin l'appela deux fois
pour l'éveiller. Dès qu'il fut sur pied, le voilà qui pleure et se
désole. — « Que je suis malheureux ! Je crois que j'ai fait une
« faute et me suis laissé appeler deux fois. Je veux aller trouver
« mon confesseur, pour qu'il me la pardonne... » On eut toute[s]
les peines du monde à le calmer.

C'était le jour de la Très-Sainte-Trinité, le 12 juin 1870[,]
que Justin avait eu le bonheur d'être admis pour la première foi[s]
à la Sainte Table. A la fin de l'été, il éprouva les premières atteint[es]

tes du mal qui devait l'emporter. Déjà, à une autre époque, une bronchite avait fait craindre pour sa vie : mais les soins et le dévouement de sa mère adoptive avaient conjuré le danger. Cette fois, ce fut une hydropisie de poitrine qui se déc'ara. Avec les rigueurs de la mauvaise saison, la maladie ne fit que s'aggraver. L'enfant gardait la chambre et le coin du feu, mais s'il entendait Mme Cauvin, dévorée d'inquiétudes, dire à sa fille : — « Justin est « malade, il ne joue plus, il ne mange pas, il respire avec diffi- « culté, » alors il se mettait à fredonner le refrain d'un cantique et assurait qu'il se portait bien. On avait beaucoup de peine à l'empêcher de sortir, pour aller à l'église contenter sa dévotion. Un soir, peu de temps avant Noël, il passa plus d'une heure dans le chœur, qui est très-vaste et très-froid, grelottant mais priant avec la ferveur d'un ange, en attendant son confesseur.

Obligé de s'aliter, Justin, suffoqué de plus en plus, passait des nuits affreuses. Un matin, Mme Cauvin le trouva tout en larmes, tenant en l'air de ses mains crispées, les couvertures dont l'oppression de la poitrine ne lui permettait plus de supporter le poids et s'excusant de ses gémissements involontaires : — « Peut- « être j'ai troublé le repos de votre nuit, mais je n'en puis plus.... « Mon Dieu, donnez-moi la patience. » Sa prière était continuelle : « Sainte-Vierge, mon bon ange, venez à mon secours ! » Si on le plaignait, il répondait en souriant : — « Puisque le bon Dieu le « veut, il faut bien que je souffre... Jésus, lui, a bien plus souffert. » Ces sentiments de résignation et d'union à Jésus crucifié dataient de loin. Près de deux ans avant sa mort, à l'époque de sa première maladie, il disait le jour du Jeudi-Saint : — « Demain, « c'est l'anniversaire de la mort de Notre-Seigneur Jésus-Christ. « Que je suis content de pouvoir unir mes souffrances aux sien- « nes !.. »

Une seule chose l'attristait : c'était la pensée des frais qu'entraînait son état de santé . — « Que de peines je donne, disait-il « sans cesse ! Que d'argent dépensé à mon occasion !.. » Ayant entendu dire que le prix du sucre avait renchéri, il pria Mme Cauvin de remplacer le café au lait qui composait son déjeuner, par un petit verre de vin cuit. — « Je le préfère, » ajoutait-il pour faire agréer sa demande.

Son âme affectueuse savait payer d'un mot du cœur, tous les

services qu'on lui rendait. — « Ne vous inquiétez pas, répétait-il
« à Mme Cauvin désolée des progrès du mal, je serai bientôt guéri
« comme je l'ai été l'autre fois. » Le Président de la Conférence
de Saint-Vincent-de-Paul, M. Fichet, capitaine en retraite, ami
de la famille de ses protecteurs, l'aidait quelquefois à se soulever
ou à changer de place dans le lit ; il ne manquait jamais de le
remercier : — « Que vous êtes bon, monsieur le capitaine ! Grâce
« à vous, maintenant je suis mieux. » Et un doux et mélancoli-
que sourire éclairait son visage amaigri.

« Nous allons envoyer à M. Cauvin le bulletin de ta santé, lui
« disait-on un jour. Que veux-tu qu'on lui dise de ta part ? —
« Que je suis heureux de le savoir au Sénégal, à l'abri des Prus-
« siens. »

Le premier jour de l'an, il reçut avec plaisir la visite de quelques amis de la famille. — « Les autres années, disait-il, c'était
« moi qui allais vous voir, et, cette année, c'est vous. Merci, merci.
« je vous souhaite toutes sortes de bonheur. » Il demandait des
nouvelles de tous ceux qui lui avaient témoigné de l'intérêt, s'in-
formait de leur santé et priait ceux qui étaient présents de leur
faire agréer ses vœux. La vue du cher Frère Basilée paraissait lui
être particulièrement agréable. Il lui tendait la main, dès qu'il
l'apercevait, comme il le faisait, tous les matins, en entrant en
classe. Le jour de sa mort, ne pouvant déjà plus parler, il le
salua encore, d'un long et affectueux regard.

Le 4 janvier, jour de l'octave des SS. Innocents, rien dans son
état ne faisant croire à une fin prochaine, il demanda lui-même
les derniers sacrements. Comme on ne se pressait pas d'appeler
son confesseur, il insista vivement. — « Je veux recevoir aujour-
« d'hui le Saint Vi. tique et l'Extrême-Onction. Pourquoi différer ?
« On nous a appris au catéchisme que cela ne fait pas mourir. »
Avait-il conscience de l'imminence du danger, quand il parlait
ainsi ? ou bien, Dieu lui envoyait-il cette bonne inspiration ? Peut-
être l'un et l'autre...

Quoi qu'il en soit, son confesseur, édifié de ces saints désirs de
la communion, se décida à le satisfaire, quoiqu'il ne le crut pas
en danger immédiat, et il lui administra les deux sacrements des
mourants. Justin les reçut avec une piété angélique, assisté par
M. le baron de Laval, son parrain, M. Fichet et les chers Frères,

qui lui suggéraient de courtes aspirations qu'il répétait, avec un empressement toujours nouveau.

A partir du soir de ce même jour, le jeune malade ne prononçe plus guère que quelques paroles. Il passa la nuit, la tête appuyée sur l'épaule de Mme ou de Mlle Cauvin, et le 5 janvier 1871, veille de l'Épiphanie, il s'éteignit doucement, vers les huit heures du matin, à l'âge d'un peu plus de douze ans.

Une mort si chrétienne, digne couronnement d'une vie si pure, fit sensation dans la ville de Lorgues. Les bons Frères de Saint-Gabriel voulurent ensevelir eux-mêmes le corps de leur pieux élève. Les condisciples de Justin tinrent à honneur d'assister à ses modestes obsèques et de porter le cercueil qui renfermait ses restes mortels. On remarqua que les funérailles de ce Nègre prédestiné avaient lieu le jour de l'Épiphanie, c'est-à-dire, le jour où les Mages, prémices de la gentilité, vinrent adorer l'Enfant Jésus, et où, d'après une tradition autorisée, la race nègre députa son premier représentant à la Crèche.

Enfants chrétiens, qui lisez ceci, multipliez vos aumônes en faveur de l'Œuvre de la Sainte Enfance, qui opère, sur une grande échelle, les transformations merveilleuses que vous venez d'admirer en Justin et dont la charité individuelle fut pour lui l'instrument. Aimez les petits enfants infidèles qui aiment la France pour ses bienfaits. Justin s'est révolté jusqu'au bout, contre l'idée que son père et sa tribu auraient pu se rendre coupables d'ingratitude envers notre pays. « Faire du mal aux Français qui « sont si bons... Non, disait-il, les Nègres, si méchants qu'ils « soient, n'en sont pas capables. »

Jeunes associés, justifiez la bonne opinion qu'avait de vous cet enfant de bénédiction. Donnez beaucoup, si vous avez beaucoup; donnez peu, mais donnez, si vous avez peu. Les besoins des Missionnaires sont si grands; leurs ressources si insuffisantes!.. Le contre-coup de nos désastres menace de les ruiner. Que votre générosité leur vienne en aide et les sauve de la ruine. Que votre charité s'accroisse avec nos malheurs... Donnez, chers enfants, pour expier vos péchés; donnez, pour sanctifier les Liens de ce monde par le bon usage que vous en ferez; donnez, pour vous faire bénir; donnez, pour que sa pauvreté soit moins dure au Missionnaire, pour lui adoucir les privations et les souffrances inséparables de l'apostolat. Prélevez largement la part des petits infidèles, sur l'argent destiné à vos menus plaisirs. La belle et riche aumône que celle qui suppose le sacrifice! Le beau don que le don de la Foi fait aux petits païens des deux mondes! .. Si vous leur faites la grâce du saint baptême, si vous leur faites connaître Jésus et Marie, ils vous remercieront; ils vous aimeront tous les jours de votre vie; ils viendront au-devant de vous, l'air accueillant, la figure souriante, à l'heure de la mort.

www.ingramcontent.com/pod-product-compliance
Lightning Source LLC
Chambersburg PA
CBHW061832060726
47597CB00008B/3474